ARREST DE LA COVR DES MONNOYES,

Portant defenſes d'expoſer à la piece aucunes eſpeces décriées par les Declarations du Roy des 23. Mars 1652. & 29. Auril 1653. & les Louis d'or, Eſcus d'or, & autres eſpeces à plus haut prix que celuy porté par leſ-
 eclarations; ſur les peines y
nées.

ſeptembre 1654.

A PARIS,
Chez SEBASTIEN CRAMOISY, Imprimeur ordinaire du Roy, de la Reyne, & de la Cour des Monnoyes.

M. DC. LIV.

Auec Priuilege de ſa Maieſté.

ARREST DE LA COVR DES MONNOYES,

Portant defenses d'exposer à la piece aucunes especes décriées par les Declarations du Roy des 23. Mars 1652. & 29. Auril 1653. & les Louis d'or, Escus d'or, & autres especes à plus haut prix que celuy porté par lesdites Declarations; sur les peines y mentionnées.

8 septembre 1654.

A PARIS,
Chez Sebastien Cramoisy, Imprimeur ordinaire du Roy, de la Reyne, & de la Cour des Monnoyes.

M. DC. LIV.

Auec Priuilege de sa Maiesté.

EXTRAIT DES REGISTRES de la Cour des Monnoyes.

SVR ce que le Procureur General du Roy a remonſtré à la Cour, qu'au preiudice des Declarations de ſa Maieſté des 23. Mars 1652. & 29. Auril 1653. Arreſts & Reglemens d'icelle, notamment d'vn

Arrest du 2. Ianuier dernier, qui defendent l'exposition des Francs, Quarts-d'Escus, & Testons de France, ensemble des Reales & autres especes estrangeres, l'on commence à exposer lesdites especes décriées, & mesmes des legeres & rognées notamment à Paris & en la Prouince de Languedoc, ausquelles l'on donne tel prix que l'on veut : ce qui trouble la facilité du commerce,

& donne le moyen aux billonneurs de faire trafic desdites especes, & de les transporter contre l'intention de sa Maiesté & le bien de ses suiets: Et que l'on commence aussi à exposer les Louis d'or & Escus d'or à plus haut prix qu'il n'est permis. A quoy il requeroit pour sadite Maiesté estre pourueu, & les defenses estre renouuellées sous de plus grandes peines que celles ordonnées par les precedens Reglemens, afin de retenir vn chacun dans l'obeyssance & le respect qu'il doit aux Ordonnances de sa Maiesté. Veu ledit requisitoire : Oüy le rapport du Conseiller Commis: Tout consideré : LA COVR faisant droit sur le requisitoire dudit Procureur General, a fait & fait tres-expresses inhibitions & defenses à toutes personnes de quelque qualité

& condition qu'elles ſoient, conformément aux Declarations de ſa Maieſté deſdits iours vingt-troiſiéme Mars 1652. & vingt-neufiéme Auril 1653. & de l'Arreſt de ladite Cour du deuxiéme Ianuier dernier, d'expoſer à la piece aucuns Francs, Quarts-d'Eſcus, & Teſtons de France, & leurs diminutions, Reaux d'Eſpagne & toutes autres monnoyes eſtrangeres, legeres ou décriées par lesdites Declarations & Reglemens, à peine de confiscation desdites especes, & de quinze cens liures d'amende. Enioint à ceux qui en auront de les porter ou enuoyer incontinant és Monnoyes ou chez les Changeurs, où elles leur seront payées au prix porté par les Reglemens sur ce faits par ladite Cour, pour estre conuerties en especes aux coins & armes de sa Maiesté.

Maiesté. Fait pareilles defenses à toutes personnes de rechercher & ramasser aucunes desdites especes décriées, ny aucuns Louis, Escus d'or ou Pistoles d'Espagne, pour les transporter hors le Royaume, à peine de la vie & de confiscation desdites especes, & de tout ce qui se trouuera auec icelles. Enioint ladite Cour à tous Officiers des Monnoyes, de tenir la main à l'execution du present Arrest: de saisir, arrester & faire ouurir toutes balles, ballots & pacquets soupçonnez, lors qu'ils seront sur les Frontieres, soit par mer, soit par terre, & de faire le procés à tous les coupables suiuant la rigueur des Ordonnances. Fait pareilles defenses, d'exposer les Louis d'or & Escus d'or & autres especes, à plus haut prix que celuy porté par les Declarations de sa Maiesté, sous les peines portées par icelles. Ordonne qu'à la diligence dudit Procureur General le present Arrest sera publié par tout où il appartiendra. FAIT en la Cour des Monnoyes le huitiéme iour de Septembre mil six cens cinquante quatre. Signé, BOVLLE'.

L'AN 1654. *le Mercredy 14. iour d'Octobre l'Arrest de la Cour des Mon-*

noyes cy-dessus a esté leu & publié à son de Trompe & cry public, aux Carrefours & autres lieux, tant ordinaires qu'extraordinaires de cette ville & fauxbourgs de Paris, en presence de Maistre Adrian Bassuel premier Huissier, Michel Rebours, & Claude Blondel aussi Huissiers en la Cour des Monnoyes, soussignez, par Charles Canto, Iuré Crieur en ladite Ville Preuosté & Vicomté de Paris, accompagné de trois Trom-

pettes, Iean du Bos, Iacques le Frain, & Estienne Chappes dit la Chapelle, Iurez Trompettes de sa Maiesté esdits lieux: Comme aussi a esté ledit Arrest affiché en tous les lieux accoustumez de la ville & fauxbourgs de Paris, à ce qu'aucun n'en pretende cause d'ignorance.

Signé, CANTO, BASSVEL, REBOVRS, & BLONDEL.

Collationné à l'original par moy Conseiller Secretaire du Roy, Maison & Couronne de France, & de ses Finances, Greffier en chef de la Cour des Monnoyes.

www.ingramcontent.com/pod-product-compliance
Lightning Source LLC
LaVergne TN
LVHW012017170826
845678LV00004BA/1527
9782329631271